AF268317

PRONE

Prêché à Lunéville le 3 Septembre 1815, 16.me Dimanche après la Pentecôte, sur l'Evangile du jour, par un des Vicaires de la Paroisse.

DIEU ET LA FRANCE.

Omnis qui se exaltat humiliabitur, et qui se humiliat exaltabitur.

Quiconque s'élève sera humilié, et quiconque s'humilie sera élevé. *Saint Luc*, 14.

TOUT ce qui s'élève contre Dieu sera abaissé, et tout ce qui s'humilie devant lui sera élevé. Tel est l'immuable arrêt de l'éternelle justice. Ainsi les Anges rebelles qui ont voulu s'élever au-dessus d'eux-mêmes et devenir semblables au Très-Haut, ont été confondus et abîmés dans les enfers ; ainsi nos premiers parens, qui ont voulus devenir des dieux, ont été asservis à la misère, à la maladie, à la mort et aux penchans déraisonnables des bêtes. Ainsi, mais dans le sens contraire, Jesus-Christ, tout égal à Dieu qu'il était, s'étant néanmoins anéanti lui-même, en prenant la forme d'esclave ; s'étant abaissé lui-même et rendu obéissant jusqu'à la mort et jusqu'à la mort de la croix, Dieu son père l'a élevé pour cette raison au-dessus de toutes choses, même selon son humanité sainte, et lui a donné un nom qui est au-dessus de tout autre nom, afin qu'au nom de Jesus, tout fléchisse les genoux, et ce qui est au ciel, et ce qui est sur la terre, et ce qui est aux enfers. Ainsi, Marie sa sainte Mère, ayant été la plus humble des créatures, a aussi été élevée au-dessus de toutes les autres en grace et en gloire. Enfin, dit Jesus dans l'Evangile, quiconque s'humiliera et se rendra petit comme un enfant, celui-là sera le plus grand dans le royaume

du ciel. Et Dieu suit cet ordre de justice ; non-seulement envers les hommes en particulier, mais encore
envers les villes, les royaumes et les Nations entières.
« Malheur sur les villes incrédules ! » Malheur à toi,
„ Corozaïn ! dit le Sauveur dans l'Evangile ; malheur
„ à toi, Bethsaïde ! parce que si les miracles qui ont
„ été faits au milieu de vous, eussent été faits à Tyr
„ et à Sidon, il y a longtems qu'elles auraient fait
„ pénitence dans le sac et dans la cendre. Et toi,
„ Capharnaum, t'éleveras-tu toujours jusqu'au ciel ?
„ Voici que tu vas être rabaissée jusqu'aux enfers !
„ parce que si les miracles qui ont été faits au milieu
„ de toi, avaient été faits à Sodome, peut-être sub-
„ sisterait-elle encore aujourd'hui. (1) Jérusalem !
„ Jérusalem ! dit-il encore, toi qui tues les Prophè-
„ tes et lapides ceux qui te sont envoyés ; combien
„ de fois n'ai-je pas voulu rassembler tes enfans au-
„ tour de moi, comme une poule rassemble ses petits
„ sous ses aîles, et tu n'as pas voulu. Aussi bientôt les
„ maisons qui sont dans ton enceinte seront laissées
„ désertes ; bientôt les ennemis t'environneront, te
„ serreront de toutes parts, te renverseront par terre
„ et ne laisseront pas en toi une pierre sur l'autre. (2) »
Et depuis dix-huit siècles nous voyons l'impénitence
de ces villes, ainsi que du Peuple Juif, frappée de ce
terrible anathême, tandis qu'autrefois Ninive, me-
nacée du même sort, obtint sa grace en faisant pénitence et en s'humiliant sous la puissance et la justice
du Seigneur.

Il y a des personnes qui s'étonnent, qui se plaignent,
qui s'irritent même, de voir la France autrefois si
florissante, si respectée, si élevée au-dessus des autres
Peuples, aujourd'hui si profondément abaissée, à la
merci des autres Nations et touchant presque à sa
ruine. Ah ! il ne faut pas nous en étonner. La France
s'est élevée contre Dieu, et sa justice exige qu'elle soit

---

(1) Math. 11. Luc, 10. (2) Math. 23. Luc, 19.

(3)

abaissé, jusqu'à ce qu'elle s'humilie sous sa main puissante, comme Ninive; ou qu'elle périsse dans son endurcissement, comme la Judée. Voilà ce que nous voudrions bien, avec la grace de Dieu, vous faire comprendre, non pour causer de la peine à personne; mais pour justifier à vos yeux la justice de Dieu notre maître et vous engager par les plus puissans motifs à arrêter par vos prières et une vie plus chrétienne, le bras de sa vengeance prêt à frapper les derniers coups.

Avant de quitter les Israélites pour aller sur la montagne où il devait mourir, Moyse assembla tout le Peuple, lui rappela les bienfaits du Seigneur, lui reprocha en même-tems à lui-même son ingratitude passée et à venir et lui prédit les châtimens dont il serait frappé. ,, Cieux! écoutez ce que je vais dire, ,, et que la terre entende les paroles de ma bouche ,,; s'écria-t-il dans les transports de l'esprit prophétique. Puis rappelant par quelle suite de prodiges Dieu avait tiré ce Peuple de l'esclavage d'Egypte, il dit : ,, C'est ,, le Seigneur lui-même qui l'a conduit et il n'y avait ,, point avec lui de Dieu étranger. il l'a établi dans un ,, excellent pays, dans une terre d'abondance, où cou- ,, lait le lait, et le miel. Mais ce Peuple si aimé, qui avait ,, tout à souhait, est devenu rebelle; sa force, son ,, repos, son abondance l'ont aveuglé. Il a abandonné ,, son Dieu et son créateur, il a quitté Dieu qui l'avait ,, sauvé. Ces rebelles l'ont irrité en adorant des dieux ,, étrangers; ils ont attiré sa colère par les abomina- ,, tions qu'ils ont commises. Au lieu d'offrir leurs sacri- ,, fices à Dieu, ils les ont offerts aux démons, à des dieux ,, nouveaux, qui jusqu'alors leur avait été incon- ,, nus, et que leurs Pères n'avaient jamais révérés. ,, Peuple ingrat! Vous avez abandonné le Dieu qui ,, vous a donné la vie; vous avez oublié votre Seigneur ,, qui vous a créé. Aussi le Seigneur l'a vu et il s'est mis ,, en colère; parce que ce sont ses propres fils et ses ,, propres filles, ce sont ses enfans de prédilection, ,, qui l'ont irrité. Alors il a dit : je détournerai d'eux

(4)

,, qui l'ont irrité. Alors il a dit : je détournerai d'eux
,, mon visage et je considérerai leur fin malheureuse.
,, Car c'est un Peuple corrompu ; ce sont des enfans
,, toujours rebelles. Je vais rassembler tous les maux
,, pour les en accabler et je tirerai contr'eux toutes mes
,, flèches. La famine les consumera, et des oiseaux de
,, carnage, des bêtes farouches les déchireront par de
,, cruelles morsures. L'épée les percera au-dehors et la
,, frayeur au-dedans ; ils tomberont en des monceaux
,, de morts, les jeunes hommes avec les vierges, les
,, vieillards avec les enfans. Oui, ai-je dit en moi-même,
,, je m'en vais les disperser jusqu'aux extrêmités du
,, monde et en abolir la mémoire pour jamais. Mais
,, j'ai différé ma vengeance pour ne pas satisfaire à la
,, fureur des ennemis de ce Peuple et ne point leur
,, donner lieu de s'élever avec orgueil et de dire : ce
,, n'est point Dieu, c'est notre bras, notre puissance
,, qui a fait toutes ces merveilles. Ah ! ce Peuple n'a
,, point de sens, il n'a point d'intelligence ; s'il avait
,, la moindre lumière, il aurait compris ma conduite
,, et prévu la fin funeste qui est réservée à ceux qui
,, s'élèvent contre moi. ,, (1) Telles sont les paroles
prophêtiques de Moyse parlant au Peuple d'Israël au
nom du Seigneur. Qui ne reconnait dans ces paroles
de tous les tems, l'histoire de notre patrie ? D'abord
la gloire, l'abondance dont Dieu l'a comblée pendant
plusieurs siècles ; ensuite son effroyable ingratitude,
son impiété, son apostasie ; enfin les termes, les délais
que Dieu met à la plénitude de sa vengeance, pour
voir si nous ne reviendrons pas de notre égarement.

Comme le Peuple d'Israël, la France a été un Peuple
choisi, le premier né des royaumes chrétiens. De tout
tems la richesse, l'abondance, les sciences et les arts
lui donnaient un éclat qui la relevait par-dessus tous
les autres royaumes de la terre ; et il y a treize siècles
qu'un grand et saint Pape a dit, que les Rois de France

____

(1) Deut. 32.

étaient autant élevés au-dessus des autres Rois du monde, que ces Rois eux-mêmes étaient élevés au-dessus des autres hommes. (1) En effet à quel royaume Dieu donna-t-il jamais un plus grand nombre de Rois selon son cœur, de Souverains chéris, l'amour et la gloire de leur Nation, dignes par leurs royales vertus des surnoms glorieux qu'ils portent, de saints, de sages, de justes, de bons, de pieux, de pères du Peuple et en particulier de Rois très-chrétiens? Mais sur-tout à quel Empire de la chrétienté Dieu donna-t-il jamais tant de saints Pontifes, de Docteurs profonds, de nouveaux Prophêtes, de Prédicateurs éloquens, de Prêtres charitables, d'Apôtres zélés qui, franchissant les mers et les tempêtes, allèrent annoncer aux Sauvages et aux Barbares, avec le nom et l'amour de Jesus-Christ, le nom et l'amour des Français?

Mais ce Peuple si favorisé de Dieu, qui avait tout à souhait, brillant au plus haut point de la gloire, a méconnu le Seigneur qui l'y avait élevé et a méprisé sa puissance. Au lieu de lui en rendre des actions de graces et de l'en servir avec plus de zèle, il a employé son influence et son éclat à pervertir les autres Nations, et semblable à la prostituée de l'Apocalypse, la France a séduit les Peuples et les Rois, les a enivrés du vin de son impiété pour les faire tomber dans les abominations de son apostasie. Des hommes nés dans son sein, des hommes ennemis de Dieu à proportion des talens qu'ils leur avait accordés, en abusent pour lui faire la guerre, détruire sa religion sainte, en avilissant ses préceptes, ses cérémonies, ses mystères; en calomniant ses Ministres, en prêchant la licence et ennoblissant le vice. Et les Magistrats et les Puissans d'alors, au lieu d'opposer leur autorité et leur exemple comme une digue insurmontable à ce déluge d'irreligion, le secondèrent le plus souvent, les uns par leur négligence, les autres par leurs scandales. Aussi, bientôt toute la Nation fut

____

(1) S. Grég. le grand au Roi Childebert, en 596.

pervertie ; bientôt, comme le dit Isaïe du Peuple de Juda, bientôt, depuis la plante des pieds jusqu'au sommet de la tête, il n'y a plus une partie saine en elle. Depuis le dernier porte-faix jusqu'aux premières places, tout est infecté, tout est corrompu ; partout l'on n'apperçoit qu'une effroyable corruption qui n'est arrêtée par aucun remède. (1) Les Pontifes de l'église eurent beau élever la voix ; l'impiété s'écriait : brisons leurs liens superstitieux et rejettons loin de nous leur joug fanatique. *Dirumpamus vincula eorum et projiciamus a nobis jugum ipsorum.* (2) Et la France a brisé le joug du Seigneur, a rompu ses liens et a dit, comme l'infidelle Juda : je ne le servirai plus : *non serviam.* (3) Et qu'a fait le Seigneur ? Il a dit : je m'en vais détourner et leur cacher mon visage. je m'en vais les laisser faire et considérer leur fin malheureuse, car ce Peuple est un Peuple corrompu, ce sont des enfans rebelles. *Generatio enim perversa est, et infideles filii* (4).

Il dit ; et bientôt abandonnée à son délire, la France apostate et parricide, se baigne dans le sang de ses Rois et de ses Pontifes, proscrit Dieu et son culte, divinise à sa place l'impiété et la débauche, leur immole la vertu, la piété, l'innocence ; et tombant d'abime en abime, jettant dans un même gouffre et les victimes et les bourreaux, va s'ensevelir dans les enfers, lorsqu'un homme destiné de Dieu à être la verge de sa fureur et le fléau de sa vengeance, l'arrête dans sa chûte, et de ses mains trempées dans le sang, saisit et ramène à lui seul toute la puissance. Aussitôt, pour rendre sa domination respectable aux yeux des Peuples, il la couvre du manteau de la religion qu'il rappèle des cachots dans les temples, en attendant le moment de s'en passer et de la détruire.

Alors, exécuteur de la sentence prononcée par la justice divine contre les diverses parties de la chrétienté, qui ont applaudi et pris part à l'irreligion de

_____

(1) Is. 1. (2) Ps. 2. (3) Jerém. 2. (4) Deut. 32.

la France, cet homme promène régulièrement les ra-
vages, la désolation et la mort sur les royaumes et les
empires, humilie les Grands de la terre, change les
limites des Peuples, foule aux pieds les Rois et les
Princes, les fait et les défait à son gré. Toute la terre
est muette d'effroi, parce que le Seigneur lui-même,
comme le dit Isaïe d'un autre Conquérant, marche
devant lui, le conduit par la main comme la verge
de sa justice, pour lui assujétir les natious, désarmer
les Rois et lui ouvrir toutes les portes. (1)

Et cet homme ne connaît point le Seigneur qui l'a
élevé de la boue au-dessus des Princes de la terre ;
la cognée ne connaît point la main qui l'élève pour
abattre l'orgueil des Nations. Mais il dit dans son
cœur, et la France avec lui, comme la fière Babylone
dans Isaïe : c'est par la force de mon génie et de mon
bras que j'ai conçu et exécuté toutes ces merveilles,
enlevé les anciennes bornes des Peuples, pillé leurs
trésors, et, comme un superbe Conquérant, arraché les Rois de leurs trônes. Les Peuples les plus re-
doutables ont été pour moi comme un nid de petits
oiseaux qui s'est trouvé sous ma main ; j'ai réuni sous
ma puissance tous les Peuples de la terre, comme on
ramasse quelques œufs que la mère a abondonnés ;
et il ne s'est trouvé personne qui osât seulement re-
muer l'aîle, ou ouvrir la bouche, ou faire le moindre
bruit. (2) Voilà comme la hache se glorifiait contre
celui qui la levait pour abattre tout ce qui s'élevait
contre le ciel. Et bientôt, comme le superbe Roi de
Babylone, la terre ne lui suffit plus, mais faulant
d'un pied, les trônes et les Rois abattus, de l'autre
les autels de Jesus-Christ et son Vicaire dans les
chaînes, il dit dans son cœur : je monterai jusqu'au
ciel, *in coelum consendam*, j'établirai mon trône au-
dessus des astres, je me placerai au-dessus des nuées
les plus élevées, et je serai semblable au Très-Haut ;
et similis ero Altissimo (3).

---

(1) Is. 45. (2) Is. 10. (3) Is. 14.

Il dit, et déja son front semble toucher à la hauteur des nues, quand la foudre de Dieu qui l'y attend, éclate et le renverse dans la boue, brise tous les ressorts de sa puissance et sème l'Europe des cadavres de vos enfans, de vos frères, de vos époux, qui deviennent la proie des vautours et des bêtes sauvages. Lui seul revient, escorté par l'effroi, la maladie, la peste et la mort ; il revient pour vouer au glaive les restes de la jeunesse irreligieuse.

Mais déja vingt Peuples s'avancent, armés par la vengeance ; déja, comme le dit Isaïe, le Seigneur a donné ses ordres à ceux qu'il a consacrés à cet ouvrage ; déja il a fait venir ses guerriers qui seront les ministres de sa fureur ; déja les montagnes retentissent de cris différens, comme d'une multitude de Peuples, de voix confuses de divers Rois et de plusieurs Nations réunies ensemble. Le Seigneur des armées commande lui-même les troupes qu'il destine à cette guerre. Elles viennent des pays les plus reculés et des extrémités du monde. Le Seigneur marche, et avec lui les instrumens de sa fureur, pour exterminer toute la terre. Voilà comme Isaïe prédisait la ruine de Babylone (1) ; et voilà à quoi nous nous attendions il y a un an passé. Souvenez-vous comment alors, pour me servir des expressions mêmes du prophête, tous les bras tombaient d'abattement, tous les cœurs se fondaient comme de la cire ; comme on était dans la consternation, agité de craintes et d'angoisses ; comme on se regardait avec effroi, le visage frappé de terreur ; comme on s'attendait à voir, ainsi qu'à la ruine de Babylone, les enfans écrasés sous les yeux de leurs parens, les maisons pillées et brûlées, les femmes déshonorés, le pays ravagé, et ce qui aurait échappé au glaive, en proie à la famine et à la peste (2).

Mais lorsque tout est perdu, voilà qu'il apparaît au milieu du combat des Nations, comme l'arc-en-ciel au

____

(1) Is. 13. (2) Is. 13.

déluge , un Prince chéri de Dieu et des hommes , le descendant d'un autre David , que le Seigneur avait réservé pour le jour de sa miséricorde. Il paraît, et nous dit comme ce fils de Jacob : je suis Joseph votre frère que vous avez vendu en Egypte ; mais ne craignez point , ne vous affligez point de m'avoir ainsi abandonné dans des pays étrangers ; c'est pour votre salut que le Seigneur a ainsi disposé de moi ; c'est pour vous sauver la vie et vous préserver de la famine. Il dit , et à son aspect, les épées levées sur nos têtes rentrent dans le fourreau , les ennemis deviennent des amis , Dieu éloigne la verge de sa fureur et ne nous montre que le sceptre de sa clémence. Tout était en guerre , tout est en paix. Les Nations les plus acharnées se donnent la main et s'embrassent , et , selon l'expression du prophête , le lion et l'agneau demeurent paisiblement ensemble. Au lieu de la famine qui semblait inévitable, c'est une abondance plus générale et plus grande que jamais. On croyait être tout d'un coup transporté dans un autre monde, sous un autre ciel, en voyant un Roi et des Princes qui ne craignaient point d'être bons, doux, affables, humains, qui ne craignaient point d'être aimés ; mais sur-tout en voyant enfin un Roi et des Princes qui connaissaient Dieu , qui le servaient et le priaient avec nous. Qui n'aurait cru que toute la France, respirant enfin après vingt-cinq ans d'erreurs, de crimes et de malheurs , et miraculeusement échappée à sa ruine, se jetterait aux pieds des autels pour rendre à Dieu d'éternelles actions de graces, de l'avoir sauvée de l'abime, de lui avoir rendu avec le meilleur des Rois, le repos, le bonheur, la paix et l'abondance ; de l'avoir arrachée du joug de fer d'un étranger et du milieu des horreurs de la guerre, pour la placer entre les bras d'un père plutôt que d'un Roi, d'un père qui oubliait tous les égaremens passés pour ne se souvenir que des services à venir ? Qui n'aurait cru que la France , touchée de reconnaissance envers Dieu , commencerait à réparer par sa piété les outrages qu'elle lui avait faits, et les maux qu'elle s'était attirés à elle-même par son impiété; et que, comme elle avait donné au monde le scandale de l'apostasie, elle lui donnerait l'exemple d'un retour sincère?

Mais qui le croirait d'un Peuple qui, depuis vingt-cinq ans gémit sous le poids des guerres et des révolutions? La paix et l'abondance lui déplaisent, parce qu'elles lui viennent de Dieu et d'un Roi chrétien! Le joug de la douceur lui pèse; le retour de la religion et des mœurs l'irrite; la piété du Roi lui est à scandale! Sous le gouvernement d'un père il se plaint d'être esclave; il demande la liberté, non pas la liberté de faire le bien, mais la licence de faire le mal. Il se plaint d'être esclave, et il ne veut pas de son Roi légitime, parce que, ô crime inoui! parce qu'il est trop bon envers lui! Ainsi la populace de Jérusalem repoussa le Sauveur pour demander Barrabas. Ainsi l'enfer ne cesse de blasphêmer Dieu parce qu'il est infiniment parfait. Enfin il semble que la haîne de Dieu, de la religion et de la paix, lui fait desirer un homme, qui n'aime ni Dieu, ni la religion, ni la paix.

Qu'a fait le Seigneur pour se venger d'une si effroyable ingratitude? Il lui accorde ce qu'elle desire. Cet homme revient, et avec lui la guerre, et avec lui la mort; et aussitôt toute la terre est en armes, toutes les Nations s'ébranlent de leurs fondemens pour nous accabler de leur vengeance. A quoi pouvions-nous alors naturellement nous attendre? A voir la France déchirée par des convulsions intestines, au dehors envahie de toutes parts, ne cédant à la force des armées étrangères que des villes incendiées, des campagnes dévastées, que des ruines, expirer après une longue agonie, et ne laisser après elle, comme Sodome et le Peuple Juif, qu'un nom abhorré et des ruines fumantes, pour attester aux siècles à venir, et l'excès de son impiété et la vengeance du ciel.

Mais Dieu la sauve encore un fois malgré elle. Cette guerre à mort commencée avec tant d'acharnement de part et d'autre et qui pouvait facilement durer deux et trois ans, le Dieu des armées la termine en trois jours. Une seconde fois cet homme de malheurs se sauve de l'incendie qu'il vient d'allumer et va contempler au loin la France en proie aux flammes.

Mais en attendant qui nous garantira de la licence du soldat vainqueur irrité de notre perfidie et de notre déloyauté, exaspéré encore par le souvenir des maux que son pays a souffers de nous? Qui l'empêchera dans l'emportement de la victoire de piller, de brûler tout ce qu'il rencontre, de mettre tout à feu et à sang?

C'est encore ce Roi que nous accusons d'être trop bon! Une seconde fois il vient interposer ses vertus et son innocence entre nos crimes et les glaives vengeurs levés sur nos têtes, prêt à mourir innocent pour son Peuple coupable, à l'exemple de son saint frère. Une seconde fois il se dévoue comme une victime qui doit appaiser Dieu et les hommes, il se dévoue en s'asseyant sur un trône dont nous avons arraché Louis XVI, avec son épouse, sa sœur et son fils, pour les mener à la mort. Une seconde fois, le cœur abreuvé d'amertume, en voyant les maux que nous a causés notre révolte envers lui-même, il se dévoue à nous gouverner, à nous procurer la paix et le bonheur, dussions-nous, pour toute reconnaissance, lui préparer le sort de son saint frère. Et nous ne bénirions pas mille fois le ciel, de nous avoir conservé dans sa miséricorde et pour nous sauver deux fois d'un opprobre et d'une ruine éternelle, un Roi à qui nous ne trouvons d'autre défaut que la bonté, parce que depuis vingt-cinq ans nous sommes accoutumés à ne voir que la cruauté à ceux qui nous gouvernent? Et nous n'y reconnaîtrions pas l'infinie miséricorde de Dieu qui veut, à force de bienfaits, nous faire répentir de nos crimes, de notre impiété, de notre aveugle ingratitude, afin de pouvoir nous combler de nouvelles bénédictions ?

Ah! rendons enfin gloire à Dieu. Les maux qui nous sont arrivés, les maux qui nous accablent encore, non-seulement nous les avons mérités, mais nous les avons voulus, nous les avons desirés ; nous nous les sommes faits nous-mêmes ; et le salut, le bonheur inespéré, qui nous arrive deux fois . c'est Dieu seul qui nous l'a fait malgré nous. Oui, devons-nous dire avec le prophête Jérémie : c'est par un pur effet des miséricordes du Seigneur que nous ne sommes pas entièrement consumés, c'est que sa tendresse n'est point épuisée. *Misericordiae Domini quia non sumus consumpti.* (1) Tous les matins, Seigneur, vous nous faites de nouvelles graces et votre bonté est infiniment grande.

Ah! n'allons pas encore une fois irriter sa colère par notre aveuglement et notre ingratitude, en méconnaissant et sa vengeance et sa miséricorde. N'imitons pas l'effroyable endurcissement du Peuple Juif, sans quoi le Seigneur nous frappera de la même ruine. Deux fois déja l'année passée, nous vous avons parlé de l'aveugle endurcissement de ce Peuple déicide, et de l'effroyable anathème dont Dieu le frappe encore ; et nous avons vu que nos crimes, notre impiété, notre ingratitude nous rendaient aussi coupables et dignes du même sort. Les menaces du Seigneur vous ont alors paru exagérées. Aujourd'hui néanmoins vous les voyez accomplies en partie, après avoir été sur le point de les voir s'exécuter à la lettre. Gardons-nous donc d'attirer sur nous la plénitude de sa vengeance par une dernière ingratitude ; et prenez garde, après nous avoir déja si profondément abaissés, son bras est encore armé, son bras est encore levé et appesanti sur nos têtes. Il attend, le Seigneur, il

______

(1) Lement. 3.

attend ou notre repentir, ou notre impénitence finale pour achever de nous sauver ou de nous détruire.

Humilions-nous donc sous sa main puissante, et au lieu de nous accuser, de nous maudire, de nous persécuter les uns les autres, comme faisaient les Juifs à la ruine de Jérusalem, reconnaissons la véritable cause de nos malheurs, notre oubli de Dieu, notre impiété, nos vices, nos désordres. Voilà la vraie cause des maux que nous souffrons; les hommes de quelque Nation, de quelque opinion qu'ils soient, ne sont que des instrumens, que la verge de justice dans la main du Seigneur.

Venez donc, prosternons-nous à la face de Dieu : pleurons en présence du Seigneur qui nous a faits, et crions-lui du fond de nos ames : pardonnez, Seigneur, pardonnez à votre Peuple. *Parce, Domine, parce Populo tuo.* Et ne vous mettez pas en colère contre nous pour toujours. Ne cherchons point à nous excuser en accusant les autres, mais confessons tous ensemble nos iniquités à Dieu, reconnaissons humblement que nous sommes coupables, que nous avons mérité tous ces châtimens et bien davantage. Et comme Daniel (1) le suppliait au nom du Peuple de Juda captif à Babylone, disons-lui tous ensemble: O vous qui êtes notre souverain maître! Dieu fort, Dieu grand et terrible! qui gardez votre alliance et votre miséricorde envers ceux qui vous aiment et qui observent vos commandemens, mais qui châtiez avec rigueur ceux qui vous abandonnent ; nous avons péché, nous avons commis l'iniquité, nous avons fait des actions impies, nous nous sommes révoltés contre vous et retirés de la voie de vos préceptes et de vos ordonnances! Nous avons commis des crimes qu'aucun Peuple de la terre n'avait encore commis. La justice est à vous, Seigneur ; vous avez le droit de nous humilier, de nous abattre, de nous détruire, et nous

---

(1) Dan. 9.

n'avons pas celui de nous plaindre; et quand nous verrions nos maisons pillées et brûlées, comme nous avons pillé et ruiné vos temples, quand nous verrions nos amis et nos proches tomber sous le glaive, comme nous avons envoyé sous la hache du bourreau vos amis et vos serviteurs, le front humilié dans la poussière, nous n'aurions autre chose à dire, sinon : vos jugemens sont justes, ô Seigneur, vos jugemens sont justes. Oui, quand vous nous traiteriez comme Sodome et Gomorre, quand vous nous effaceriez de dessus la terre, votre vengeance serait encore au-dessous de nos crimes. La justice vous appartient, et à nous il ne reste qu'une confusion éternelle devant Dieu et devant les hommes.

Mais à vous Seigneur, à vous qui êtes notre Dieu, appartient encore la miséricorde et la grace de la réconciliation. Ah! pour la gloire de votre nom, pour l'amour de vous-même et dans la multitude de vos miséricordes, ayez pitié de votre Peuple; pardonnez aux coupables en faveur des innocens. Mais hélas! Ne sommes - nous pas tous coupables?

Cependant, Seigneur, vous vous êtes encore réservé dans le secret de votre face, bien des ames fidelles qui vous aiment sincèrement, qui sont prêtes à donner leur vie pour l'amour de vous, et qui gémissent et vous conjurent nuit et jour, pour toucher les entrailles de votre miséricorde. Ah! écoutez leurs prières, leurs gémissemens et leurs larmes. Ecoutez encore les prières de vos saints martyrs nos frères, qui ont versé leur sang dans notre pays, pour la gloire de votre nom; écoutez leur sang innocent, criant miséricorde pour leur patrie. Mais sur-tout laissez-vous fléchir à l'intercession de Marie, la Reine du ciel, le secours des chrétiens, la consolatrice des affligés, le refuge des pécheurs, la Reine et la Protectrice de la France.

Qu si absolument vous voulez nous châtier comme

nous le méritons, si vous voulez nous détruire, ah! détruisez-nous comme vous avez détruit Ninive! Détruisez en nous l'impiété, l'ingratitude, nos vices et nos iniquités! changez-nous en un Peuple nouveau! Oui, Seigneur, convertissez-nous vous-même, et nous nous convertirons, et nos jours se renouvelleront comme au commencement. Et des débris de la France impie sortira une France nouvelle, une France chrétienne, qui sera de nouveau le premier des royaumes en gloire et en puissance, comme elle le sera en piété et en attachement à la foi.

Ainsi soit-il.

A METZ, chez PIERRET, Imprimeur, rue des Trinitaires, n.º 582.